ALESSANDRO ALLARIA

IL SEGRETO DELLA PROSPERITÀ

Come Realizzare Ciò che Hai Sempre Desiderato Distruggendo le Convinzioni Autolimitanti

Titolo

"IL SEGRETO DELLA PROSPERITÀ"

Autore

Alessandro Allaria

Editore

Bruno Editore

Sito internet

http://www.brunoeditore.it

Sommario

Al mio angelo volato in cielo.

Grazie dei bellissimi momenti insieme.

Ciao mamma.

Introduzione

Devi credere con tutto il cuore di riuscire a realizzare i tuoi sogni, perché quando la tua mente avrà formato l'abitudine a focalizzarsi su immagini e pensieri che riguardano esclusivamente la felicità e la prosperosità, sarà molto difficile che si formi l'abitudine opposta.

Non importa quanto improbabili e quanto faticose queste realizzazioni possano sembrarti e come possano apparire oscure le prospettive future: l'importante è avere ben chiaro in mente quali sono i tuoi sogni e mantenere forte la tua motivazione e il tuo entusiasmo affinché ti diano la carica emozionale per perseguire il tuo scopo, nonostante le difficoltà che inevitabilmente incontrerai.

Ma un desiderio e un sogno, senza essere supportati dalla necessaria attività, diventano ben presto indifferenti e, quando meno te lo aspetti, spariranno senza realizzazione.

È soltanto quando il desiderio è cristallizzato in una decisione forte e consapevole, annientando tutte le possibilità di insuccesso e di abbandono, che può cambiare la tua vita per sempre.

Riempi i tuoi pensieri e le tue parole solo di quello che desideri diventi realtà, tralasciando di dedicare tempo ed energia a preoccupazioni di vario genere. Per fare questo devi avere fede nelle tue capacità e nella convinzione di meritarti gli obbiettivi che ti sei prefissato. Il tuo modo di pensare deve essere allineato in base a quello che rappresenta lo scopo della tua vita. Qualunque cosa ottieni è generata in primo luogo dal tuo atteggiamento mentale.

CAPITOLO 1:
Come portare la prosperità nella tua vita

Uno dei concetti della legge di attrazione che maggiormente mi ha colpito e ha influenzato il mio modo di vedere le cose, riguarda il fatto che, come dicono i maggiori esperti, «I pensieri diventano cose».

Detto in termini maggiormente esplicativi, i nostri pensieri si trasformano nella realtà in cui viviamo e andiamo a interagire, come eventi futuri e come interpretazione del significato di quello che ci accade ogni giorno.

A volte capita di lasciare andare quello che ci passa per la mente come se non avesse alcuna importanza o influenza su ciò che succede nella nostra vita. Diamo talmente tanta importanza alla realtà esterna che sottovalutiamo la nostra realtà interna, mentre è l'unico elemento di cui abbiamo il totale controllo a prescindere da tutto e da tutti.

Uno degli autori che maggiormente ha influenzato il mio modo di pensare, Robert Dilts, cofondatore della PNL (Programmazione Neuro-Linguistica), sostiene che le convinzioni rappresentano la nostra realtà, la nostra "mappa del territorio", il filtro con cui interpretiamo tutto ciò che ci accade.

Come fare tuoi il successo e la felicità

Nessun uomo per la sua stessa natura potrà trovarsi a suo agio per un lungo periodo di tempo in una situazione dove è sottoposto costantemente a una serie di influenze limitanti per la propria realizzazione personale e professionale. Difatti il suo amor proprio lo condurrà con tutta la sua forza a uscire da un tale ambiente.

SEGRETO n. 1: per tutelare la tua dignità di essere umano devi assumerti la responsabilità della tua indipendenza economica, onde prevenire tutte le esigenze, sia personali che delle persone con cui condividi la vita.

La prosperità parte dalla mente ed è impossibile ottenerla con un atteggiamento psicologico di ostilità nei suoi confronti. Non possiamo attrarre l'opulenza da un atteggiamento orientato alla povertà, ma dobbiamo orientare i nostri pensieri verso la prosperità prima di poterla raggiungere.

Le circostanze della nostra vita, il nostro stato finanziario, la nostra povertà o la nostra ricchezza, i nostri amici e la loro mancanza, il nostro stato di armonia e di discordia, sono tutti generati in gran parte dal nostro modo di pensare.

Come iniziare il proprio percorso

Il successo scaturisce da un processo mentale perfettamente scientifico, per cui l'uomo conquista la prosperità perché ha un atteggiamento mentale che lo conduce verso quella situazione. Tutto ha origine da una profonda fede nella propria capacità di fare soldi.

Non si inizia andando in giro con la mente colma di dubbi e di timori, parlando e pensando continuamente alla povertà, camminando e vestendo come un barbone. La persona proiettata verso la prosperità è orientata verso le circostanze che la sostengono ed è determinata a ottenerla: non permette mai che vi siano nella propria mente immagini di valore opposto. L'uomo che prevede la prosperità genera costantemente l'abbondanza nella sua mente, e sviluppa mentalmente la sua struttura finanziaria.

SEGRETO n. 2: il nostro atteggiamento mentale nei confronti di ciò che stiamo tentando di ottenere, e lo sforzo che intelligentemente mettiamo in pratica per realizzarlo, misurerà il nostro potenziale per il suo raggiungimento.

L'uomo che vuole realizzarsi deve pensare al successo e puntare verso obbiettivi ambiziosi, pensare creativamente e costruttivamente, con inventiva e, soprattutto, deve avere sempre una visione ottimista della realtà. L'atteggiamento mentale che teniamo verso il nostro lavoro è il presupposto principale per realizzare ciò che desideriamo.

Molte persone che hanno un atteggiamento mentale positivo ma non credono in se stesse diventano negative a causa delle influenze che distruggono la loro sicurezza in sé, perdendo gradualmente la fiducia nelle loro potenzialità. La filosofia che conduce all'efficienza e alla felicità consiste nell'affermare con forza e costanza quello che stai provando a ottenere, e di provarci fino alla sua realizzazione.

Come essere pronti per accogliere la prosperità

La fede è ottimista perché lascia sempre intravedere la via d'uscita in ogni circostanza. Il dubbio invece è pessimista perché non riesce a vedere il modo di andare avanti ed è timoroso perché non è cosciente di poter fare fronte all'incerto.

SEGRETO n. 3: la stima che hai di te stesso e delle tue abilità sarà trasmessa al tuo ambiente esterno, influenzando il giudizio altrui.

La fiducia è la base di tutto il successo: c'è un potere irresistibile nella convinzione di realizzare qualcosa senza ombra di dubbio. L'uomo che ha una grande fiducia in se stesso sarà immune dal sentirsi inadeguato nel suo ambiente e dai dubbi e timori circa le sue abilità di avere il futuro che desidera. La libertà è un elemento essenziale per avere il successo desiderato. Nessuno può utilizzare a pieno la sua mente quando questa è limitata da preoccupazione, ansia, timore e incertezza, così come non è possibile lavorare bene con il proprio corpo quando questo si trova in uno spazio ristretto ed è bloccato nei movimenti.

La libertà assoluta è di importanza fondamentale per fare un buon lavoro intellettuale. L'incertezza e il dubbio sono i grandi nemici della concentrazione, che è il segreto principale per essere efficaci. Abbiamo detto che la fiducia in se stessi raddoppia il potere personale e moltiplica le proprie abilità. Quando un uomo forte è messo a nudo rapidamente dal suo potere, è il momento in cui perde la fiducia in se stesso e nelle sue abilità. L'abitudine di soffermarsi sulle difficoltà e di ingigantirle indebolisce il carattere e paralizza l'iniziativa.

L'uomo che fa grandi cose nella vita riesce sempre a scorgere la sua meta e a superare col giusto atteggiamento gli ostacoli che gli si pongono innanzi. Molta gente non sembra riuscire a trovare se stessa fino a che non ha ricevuto una grande e umiliante sconfitta. Ciò sembra toccare una molla profonda della loro natura, che regola quelle forze dinamiche che una volta liberate permettono di fare cose meravigliose.

Come automotivarsi per superare tutte le resistenze

È battuto soltanto chi lo ammette. Come puoi pensare di ottenere il massimo livello possibile di efficienza quando la preoccupazione, il timore, l'ansia, lo scoraggiamento e la malinconia stanno fiaccando il venticinque, il cinquanta e il settantacinque per cento della tua energia mentale?

Devi eliminare dalla tua mente i suoi nemici, altrimenti finirai per pagare in termini di vitalità e di energia. Ogni qual volta che ritieni vi sia il pericolo che una sensazione di incertezza o di timore possa entrare nella tua mente, lasciala fuori il più rapidamente possibile e applica l'antidoto della rassicurazione.

Il timore è una debolezza tipica dei bambini, ma non degli adulti che dovrebbero sempre rifiutarsi di abbassarsi di fronte ad ogni tentativo di farli sentire inferiori.

SEGRETO n. 4: il timore è un processo mentale anormale che può essere gestito, altrimenti ha il potere di bloccare ogni nostra iniziativa di crescita e miglioramento, sia nella vita personale che professionale.

L'uomo che ha acquistato il potere di conservazione della sua mente l'ha riempita di pensieri incoraggianti orientati all'ottimismo e all'allegria, superando uno dei più grandi ostacoli alla sua realizzazione personale.

Come eliminare il tuo nemico peggiore: la preoccupazione

Un cervello disturbato non può pensare in maniera chiara, coraggiosa e logica. Le preoccupazioni costituiscono degli impedimenti al nostro cervello per pensare in modo positivo e al meglio delle nostre potenzialità.

Chi riesce a sorridere quando tutto sembra andargli contro ha raggiunto un alto livello di crescita personale. Non c'è posto nella socializzazione per l'uomo timoroso, tenebroso e scoraggiato: nessuno vorrebbe vivere con lui.

Ognuno di noi ha le sue situazioni da risolvere e cerca sempre qualcuno e qualcosa che possa essergli di aiuto e di sollievo. Le emozioni sono contagiose e niente lo è più della depressione mentale e dello scoraggiamento.

Un uomo che si lascia sopraffare dalle emozioni negative e distruttive non potrà mai essere un leader nel suo ambiente. Non si può essere capaci di esprimere un giudizio corretto e di usare il buonsenso se nella propria mente vi è timore, dubbio e insicurezza.

Il giudizio sano viene da un cervello perfettamente funzionante, facoltà presente nell'uomo sereno e senza ombre. Quando il timore è nella nostra mente, le forze mentali sono indebolite e non siamo capaci di essere efficacemente concentrati.

La calma, l'equilibrio e la serenità mentale sono assolutamente essenziali all'efficacia del pensiero. L'arte delle arti è imparare a eliminare dalla mente i relativi nemici per il raggiungimento della nostra comodità, felicità e successo. È una grande cosa riuscire sempre a focalizzare la nostra mente sul bello anziché sul brutto, sulla verità anziché sul falso, sull'armonia anziché sulla discordia, sulla vita anziché sulla morte, sulla salute anziché sulla malattia: non è sempre facile, ma è possibile ad ognuno di noi. Richiede soltanto un piccola abilità di pensiero e la formazione delle giuste abitudini.

SEGRETO n. 5: il modo migliore per impedire alla negatività di entrare nella nostra vita è mantenere quest'ultima piena di aspetti positivi e di armonia.

Per escludere l'errore dai nostri pensieri, bisogna mantenere la mente piena di verità; per escludere la bruttezza, dobbiamo contemplare la bellezza e l'amore; per liberarci di tutto ciò che è acido e malsano, è necessario contemplare tutto ciò che è dolce e sano. I pensieri opposti non possono occupare la mente allo stesso tempo. La vita non aiuta la persona che non è in grado di badare da sola a se stessa, specialmente quando si trova in situazioni di difficoltà e non riesce a reperire le risorse per venirne a capo.

Cambia il pensiero e cambierai l'uomo

Di fronte alla difficoltà bisogna avere sempre un atteggiamento risoluto e orientato alle soluzioni, facendo ricorso alla saggezza e fermezza d'animo. Una delle cose più crudeli che si possono fare a un'altra persona è rimproverarla per le sue mancanze, caratteristiche e debolezze. In una situazione di difficoltà si cerca incoraggiamento e aiuto. Nessuno può essere in grado di dare aiuto scorge in se stesso soltanto un'immagine di disperazione.

SEGRETO n. 6: l'unico modo per aiutare qualcuno è farlo diventare consapevole delle sue potenzialità e di aumentare la fiducia in se stesso.

Come non farsi paralizzare del timore

Il timore e la preoccupazione ci incitano ad attrarre proprio quelle cose che temiamo possano capitarci. Il timore in tutti i suoi aspetti, quali preoccupazione, ansia, rabbia, gelosia, timidezza, è il più grande nemico che possiamo incontrare.

Tali sensazioni negative a volte vengono trasmesse da persone che hanno raggiunto un livello di efficienza e maturazione superiori alla media ma che hanno reso le persone intorno a loro ancora più timorose e insicure. Il timore è il più grande ladro del potere personale perché paralizza le facoltà di pensiero, rovina la spontaneità, l'entusiasmo e la sicurezza in se stessi. Ha un effetto arrugginente su tutti i pensieri, sull'atteggiamento e le capacità mentali, distruggendo l'ambizione e l'efficienza. Non chiederti come, perché e quando, ma fai sempre del tuo meglio e credi sempre in te stesso e nelle tue capacità. I perdenti cronici sono sempre carenti quanto a fiducia in se stessi.

Il segreto del successo è la concentrazione

La preoccupazione e il timore hanno un'efficacia disintegrante per quanto concerne la concentrazione mentale e le abilità creative. Quando l'atteggiamento mentale è inficiato dalle emozioni contrastanti, l'efficienza diventa impossibile da realizzare. Il timore arresta l'iniziativa, uccide la fiducia e causa l'indecisione, ti incita a esitare e a iniziare nuovi progetti pervaso dal sospetto e dal dubbio.

Ci sono tante persone che sprecano molta della loro preziosa energia nella preoccupazione e nell'ansia. Il nostro modo di essere timorosi è sempre proporzionato al nostro modo di sentirci in una situazione di debolezza e di incapacità. Una volta che ci siamo resi coscienti di essere più forti di quello che terrorizza le persone più deboli, non abbiamo modo di aver paura di niente.

Come essere sempre in connessione con l'energia universale

Il segreto per ottenere nella vita salute, prosperità e felicità sta nell'essere in unione cosciente con l'energia creatrice di tutto l'universo. Più vicini siamo ad essa, più vicini siamo alla fonte illimitata delle cose. Ogni volta che un uomo si comporta scorrettamente perde parte del proprio potere. Ogni volta che facciamo un torto a qualcuno, che nascondiamo la verità, ogni volta che commettiamo un atto disonesto e indegno, facciamo qualcosa di spregevole, diminuiamo la potenza del nostro rapporto con questa energia e ci trasformiamo in una persona piena di timori, apprensioni e dubbi. Nel momento in cui prendiamo coscienza che la nostra unione con la Grande Fonte delle cose è stata interrotta, siamo pieni di incertezza e di apprensione. Ci sentiamo pervasi dalla sensazione di essere indifesi e questa sensazione ci rende deboli, timidi e apprensivi.

Il segreto per dare sempre il meglio di sé

Se potessimo imparare soltanto l'arte di restare sempre in armonia potremmo moltiplicare la nostra efficacia in modo illimitato. La discordia mentale ha un'efficacia distruttiva sulla qualità del nostro lavoro.

SEGRETO n. 7: le emozioni distruttive, quali preoccupazione, ansia, odio, gelosia, rabbia, ingordigia, egoismo, sono nemici mortali della nostra realizzazione.

L'armonia, la bellezza e la felicità sono il segreto fondamentale per dare il meglio di noi stessi in ogni situazione, in quanto ci stiamo semplicemente mantenendo in accordo con l'infinito, l'energia creatrice di tutto l'universo. Tutti noi abbiamo dei momenti in cui scorgiamo che alla nostra portata ci sono grandi opportunità di crescita e miglioramento. A volte può essere un'esperienza negativa, come un lutto per una persona cara, che apre una ferita e ci fa scoprire delle risorse che non pensavamo di avere, e ci dà la possibilità di potercene avvalere.

Come prolungare il proprio stato giovanile

Un essere umano è come un orologio, per cui se viene gestito correttamente indica il giusto tempo e funziona efficacemente per molti anni, ma se viene trascurato oppure abusato, molto presto smette di funzionare, a volte molto prima di quanto dovrebbe.

SEGRETO n. 8: l'atteggiamento mentale determina che cosa riusciremo a costruire nella nostra vita e se saremo soggetti ad azioni di invecchiamento oppure di prolungamento del nostro stato giovanile.

Ognuno possiede la potenzialità di determinare il prolungamento della propria vita: ma per fare questo è necessario, in primo luogo, capire quali sono i principi su cui si regge il nostro atteggiamento mentale. La salute, il vigore e la robustezza allo stato perfetto sono impossibili per una persona la cui mente è schiava di convinzioni limitanti. La maggior parte delle persone non si rende conto che il suo atteggiamento mentale è un'energia positiva che genera costantemente risultati in ogni settore. Ogni qual volta focalizziamo la nostra mente verso una direzione specifica, potenzialmente stiamo generando qualcosa in concreto.

Una persona è vecchia a prescindere dalla sua età, quando è lontana dallo stato di gioventù, con i relativi ideali e punti di vista, e dallo spirito con cui reagisce ai vari momenti della vita, cessando di essere progressiva e aggiornata.

Le menti di molte persone sono diventate squilibrate perché non hanno eliminato la cattiva abitudine di focalizzarsi sui problemi e sulle preoccupazioni. Non dovremmo mai andare a dormire fino a che non abbiamo ristabilito il nostro equilibrio verso la pace e la serenità interiore.

Invecchiamo velocemente perché non manteniamo i nostri strumenti mentali nella giusta attività, generando dentro di noi disarmonia e logoramento. La serenità mentale è un forte alleato della gioventù e tende a rinfrescare, rinnovare e rigenerare il corpo. Prova a pensare a com'eri quando eri giovane, come vestivi, qual era il tuo atteggiamento, i tuoi gusti, il modo di camminare, la tua postura e in generale lo spirito con cui affrontavi la vita.

Non lasciare che lo spirito romanzesco svanisca dal tuo cuore, perché è un grande conservatore della gioventù. L'amore, l'altruismo, uno spirito di bontà, mantengono il cuore caldo e giovanile.

Non ti soffermare sulle tue imperfezioni e debolezze, perché questo guasterà la tua immagine, ma punta con tenacia all'ideale che hai in mente. I momenti in cui ti dedichi al gioco e al divertimento non tendono a cancellare i segni dell'età ma a portarti di nuovo allo stato in cui eri quando godevi della gioventù.

Difatti il divertimento è un gemello della gioventù e favorisce la salute sia fisica che psicologica. L'umore positivo è un distruttore della preoccupazione e dei cattivi pensieri, e tende ad accelerare la circolazione sanguinea, migliora la digestione e la cura del sonno.

SEGRETO n. 9: le persone allegre sono viste con maggiore positività nelle aziende presso cui lavorano, hanno più amici e persone che vogliono stare in loro compagnia: in termini economici significa avere maggiori opportunità di fare affari e cogliere occasioni di guadagno.

La socialità è un promotore della benevolenza, della sensibilità, della gentilezza e dell'armonia: tutte queste cose favoriscono la salute e prolungano la vita. Lo sviluppo personale è nemico della vecchiaia. La persona che cresce mentalmente, che sviluppa costantemente il suo potenziale, non invecchia alla stessa velocità di chi ha cessato di crescere e di migliorarsi.

L'invecchiamento comincia quando lo sviluppo personale si arresta. Quando la mente cessa di espandersi, quando gli ideali cominciano a inaridirsi, quando l'ambizione si ferma, allora la vecchiaia fa un passo avanti nelle nostre vite.

L'individuo che agevola lo sviluppo della gioventù tiene l'invecchiamento lontano dalla propria mente e dal proprio corpo. La legge di attrazione attira verso di noi tutto quello di cui abbiamo bisogno secondo il nostro modo di intendere la vita. Il pensiero che regola il mondo e la nostra situazione finanziaria è il perfetto riflesso del nostro modo di pensare.

RIEPILOGO DEL CAPITOLO 1:

- SEGRETO n. 1: per tutelare la tua dignità di essere umano devi assumerti la responsabilità della tua indipendenza economica, onde prevenire tutte le esigenze, sia personali che delle persone con cui condividi la vita.
- SEGRETO n. 2: il nostro atteggiamento mentale nei confronti di ciò che stiamo tentando di ottenere, e lo sforzo che intelligentemente mettiamo in pratica per realizzarlo, misurerà il nostro potenziale per il suo raggiungimento.
- SEGRETO n. 3: la stima che hai di te stesso e delle tue abilità sarà trasmessa al tuo ambiente esterno, influenzando il giudizio altrui.
- SEGRETO n. 4: il timore è un processo mentale anormale che può essere gestito, altrimenti ha il potere di bloccare ogni nostra iniziativa di crescita e miglioramento, sia nella vita personale che professionale.
- SEGRETO n. 5: il modo migliore per impedire alla negatività di entrare nella nostra vita è mantenere quest'ultima piena di aspetti positivi e di armonia.

- SEGRETO n. 6: l'unico modo per aiutare qualcuno è farlo diventare consapevole delle sue potenzialità e di aumentare la fiducia in se stesso.
- SEGRETO n. 7: le emozioni distruttive, quali preoccupazione, ansia, odio, gelosia, rabbia, ingordigia, egoismo, sono nemici mortali della nostra realizzazione.
- SEGRETO n. 8: l'atteggiamento mentale determina che cosa riusciremo a costruire nella nostra vita e se saremo soggetti ad azioni di invecchiamento oppure di prolungamento del nostro stato giovanile.
- SEGRETO n. 9: le persone allegre sono viste con maggiore positività nelle aziende presso cui lavorano, hanno più amici e persone che vogliono stare in loro compagnia: in termini economici significa avere maggiori opportunità di fare affari e cogliere occasioni di guadagno.

CAPITOLO 2:
Come identificare le cause della tua attuale situazione finanziaria

Tutti noi abbiamo degli aspetti della nostra vita che non ci piacciono e che non corrispondono alle nostre aspirazioni. Ce la prendiamo con gli altri, con la famiglia di origine oppure con quella da noi creata, con gli eventi e il destino infausto, dicendo cose del tipo: «Se avessi una moglie più comprensiva, un datore di lavoro che mi valorizza, se gli amici mi avessero aiutato» ecc.

Ma più ci lamentiamo e più peggioriamo la nostra situazione! Infatti, più sei concentrato su quello che non ti piace della tua vita e più lo potenzi rendendolo un nemico difficile da sconfiggere. Uno dei concetti che maggiormente mi ha affascinato è che lo stato mentale che ha generato un problema è completamente diverso dallo stato mentale che può generare la soluzione.

Come pensa la maggior parte degli uomini

Quando soffri a causa di sensazioni di timore e di preoccupazione, puoi stare sicuro che hai conferito a qualcosa o a qualcuno questo potere su di te. Il fatto stesso che lo temi indica che hai stabilito con esso un rapporto che potresti interrompere se sapessi soltanto applicare i principi che regolano il nostro atteggiamento psicologico.

Il seme di avversione nel cuore non può produrre un fiore di amore nella vita. Tutti i pensieri che suggeriscono la debolezza, l'errore, l'infelicità, la povertà, sono pensieri distruttivi, negativi, e rappresentano i nostri peggiori nemici. Marchiali a fuoco ogni volta che provano a guadagnare un'entrata nella tua mente ed evitali come fossero dei ladri della tua armonia, del tuo potere personale, della tua felicità e del tuo successo. La mente deve essere mantenuta libera da sentimenti di amarezza, gelosia, odio, invidia e dai pensieri distruttivi.

Ci deve essere la benevolenza nel cuore, altrimenti non possiamo dare il meglio di noi stessi, sia per quanto riguarda le prestazioni di carattere intellettuale che di carattere fisico. Nessuno può covare odio, rancore e gelosia verso altre persone senza che questo sia un problema serio per la sua reputazione e per il suo successo nel contesto sociale in cui agisce.

Molta gente si domanda perché non è popolare, perché è sgradita agli altri o perché ha così poca importanza nella sua comunità, quando in realtà è tutta colpa del suo atteggiamento negativo, disarmonico e contraddittorio. Diversamente stanno coloro che hanno un atteggiamento e dei pensieri positivi e armonici, che si comportano amichevolmente verso gli altri e che non conservano sentimenti di amarezza, odio e gelosia nei loro cuori. Queste persone sono attraenti, utili e solari.

Come scoprire quale è il tuo atteggiamento mentale

Il tuo atteggiamento mentale dominante determinerà il livello di qualità della tua vita perché andrà a incidere sulle conoscenze e competenze che riuscirai a sviluppare nel corso degli anni. Le limitazioni che incontrerai nella tua personalità rappresentano le linee di contorno dei tuoi pensieri. Sono recinti auto-eretti e possono essere rappresentati metaforicamente da un cerchio più o meno stretto entro cui si riesce a espandere il proprio potenziale.

capiterà nella vita sarà determinato dal tuo modo di pensare, ma sicuramente puoi decidere come reagire e che significato dare agli eventi che ti capitano.

Puoi liberamente modificare i tuoi pensieri in modo da variare anche il tuo stato mentale, sforzandoti di percepire la vastità e la grandiosità delle tue potenzialità. Puoi scegliere liberamente di incrementare le tue conoscenze oppure di restare nell'inconsapevolezza. Una persona rimane nell'ignoranza perché ama l'ignoranza e sceglie pensieri ignoranti, mentre una persona diventa saggia perché ama la saggezza e sceglie pensieri saggi. Nessuno è ostacolato da un altro in quanto si è ostacolati soltanto da se stessi.

Come evitare di trasformarsi in una vittima

Nessuno soffre a causa di qualcun altro perché si soffre soltanto a causa di se stessi. Il tuo atteggiamento mentale nei confronti degli altri si manifesterà fedelmente nelle relazioni con gli altri e in ogni circostanza della tua vita. Ogni pensiero impuro ed egoista che emani ti ritornerà indietro nelle circostanze della tua vita in forma di sofferenza, mentre ogni pensiero puro e altruista ti ritornerà sotto forma di armonia. Le circostanze che si verificano nella tua vita sono il riflesso di quello che accade dentro i tuoi pensieri, quali effetti di una causa interna e invisibile.

Poiché il padre creatore dei tuoi pensieri sei tu, sarai anche il creatore delle condizioni e delle circostanze della tua vita. Quando comprenderai la legge che padroneggia dall'interno la tua mente, allora cesserai di considerarti come una vittima delle circostanze impotente e cieca, e ti trasformerai nel padrone consapevole della tua vita.

SEGRETO n. 11: con l'uso intelligente della nostra mente possiamo indurre il corpo a diventare più bello, la mente più brillante, il carattere più potente e l'anima più vicina all'ideale.

Per compiere queste cose, tuttavia, è necessario applicare continuamente la legge nella direzione verso cui vogliamo indirizzare i risultati.

Come scoprire la più importante delle regole del successo

Ci sono molte leggi da applicare per iniziare ad avere una grande vita, ma quella che regola tutto è la legge dell'amore. È l'amore che determina che cosa dobbiamo pensare, le azioni da intraprendere, dove dobbiamo andare e che cosa dobbiamo compiere.

Di conseguenza, fra tutti gli elementi essenziali, il principale è saper amare. Per applicare questa regola fondamentale per tutti gli scopi pratici, il segreto è riuscire a scorgere e amare la grandezza, il bello e l'ideale in tutte le persone e le cose che incontri. Tutto quello che riguarda la tua vita, entrando in contatto con il potere dell'amore, cambierà radicalmente. L'ideale diventerà reale, i desideri del cuore saranno realizzati e tutto ciò che hai sperato di ottenere sarà tuo.

Trarre insegnamento dalla malvagità per dare il meglio di sé

L'agitazione, il dolore e il dispiacere sono le ombre della vita. Non vi è cuore in tutto il mondo che non ha provato dolore, nessuna mente che non sia stata attraversata da pensieri negativi, nessun occhio che non abbia pianto lacrime di angoscia. Nelle forti e apparentemente indistruttibili maglie della malvagità, portatrici di dolore e infelicità, tutti più o meno a questo mondo siamo incappati. Con lo scopo di evadere oppure in qualche modo di attenuare questo adombramento nelle proprie vite, gli uomini scorrono velocemente e ciecamente attraverso gli innumerevoli sistemi da cui sperano di ricevere una sorta di felicità e di sollievo passeggero.

Tali sono l'uso eccessivo di alcol, droghe e forme trasgressive di eccitazione sessuale, inseguendo l'illusione di chiudere fuori dalla propria vita i dispiaceri e le difficoltà. Vi è anche chi si rifugia nei piaceri derivanti dall'estetica e dal lusso, subordinando tutti gli aspetti della vita al raggiungimento di certi *status symbol*.

Infine vi sono coloro i quali vanno alla ricerca del conforto attraverso la pratica di riti religiosi. Tali rimedi ci danno la sensazione che la felicità che abbiamo sempre cercato sembra giungerci, e per un certo periodo di tempo ci si sente cullati in una dolce sicurezza e in una sensazione di ebbrezza, dimenticando le negatività della vita.

Ma un brutto giorno la fortuna ci volterà le spalle e la vita ci metterà alla prova: per chi non ha curato la forza della propria anima dal suo profondo e si è illuso di porre rimedio alle difficoltà della vita con effimeri sistemi è il momento di pagare il conto.

Così sopra la testa di ogni gioia personale resta sospesa la spada di Damocle del dolore, pronta, in qualsiasi momento, a cadere e schiacciare l'anima di chi non è protetto dalla conoscenza. Non c'è quindi modo di fuggire dal dolore e dal dispiacere? Non vi è nessun mezzo con cui i legami della malvagità possono essere rotti? La felicità permanente, la prosperità sicura e la pace rimangono un sogno insensato?

Fortunatamente la risposta a tutte queste domande è NO, perché esiste un modo in cui la malvagità può essere disarmata per sempre, un processo tramite il quale la malattia, la povertà e tutte le circostanze sfavorevoli possono essere messe in un angolo dal quale non usciranno mai. Esiste un metodo grazie al quale la prosperità può essere assicurata stabilmente, senza correre il rischio che svanisca a causa di fattori contingenti e transitori.

Essendo l'unico creatore dei tuoi pensieri, sei l'unico artefice delle tue condizioni di vita e del tuo destino.

SEGRETO n. 10: se il tuo atteggiamento mentale dominante è pervaso da pace, armonia e amore, saranno queste le cose che attirerai nella tua vita; diversamente, se sei pervaso da atteggiamenti ispirati all'odio e alla scontrosità, le difficoltà e l'afflizione faranno da cornice alla tua vita.

Dalla cattiva volontà non potrà che venire il dolore e il disastro. So che pensi alle circostanze della tua vita come a qualcosa di completamente estraneo da te, ma in realtà sono strettamente collegate col tuo modo di pensare e quindi di agire. Niente compare nella tua vita senza che vi sia una causa, tenendo conto che il destino non esiste.

Quello che pensi, i viaggi che fai, la persona che ami, sono tutte cose che sono attratte a te, in un modo o in un altro, dai tuoi pensieri e dal tuo atteggiamento. Il luogo in cui ti trovi oggi è dove i tuoi pensieri ti hanno portato e allo stesso modo domani sarai dove i tuoi pensieri ti condurranno. Non tutto quello che ti

L'inizio del sistema che conduce a questa realizzazione gloriosa è l'acquisizione della giusta comprensione della natura della malvagità. Non è sufficiente negare oppure ignorare la malvagità ma deve essere compresa fino in fondo. Devi scoprire perché è comparsa nella tua vita e quale lezione ha per te. Non è di nessun profitto corrodersi e logorarsi per le "catene" che ti legano: devi riuscire a scoprire perché e come sei limitato.

Di conseguenza, devi imparare a guardare al di fuori di te stesso e cominciare a esaminarti, facendo tesoro degli insegnamenti che le esperienze ti forniscono con umiltà e pazienza per la tua crescita personale. Una volta fatto questo capirai che la malvagità non è un potere illimitato oppure un principio universale, ma una fase di passaggio dell'esperienza umana favorevole a coloro che sono disposti a imparare. La malvagità non è un estratto di qualcosa che sta fuori di te, bensì un'esperienza del tuo cuore che se pazientemente esaminato ti condurrà gradualmente alla scoperta della sua origine e della sua natura, e necessariamente porterà alla relativa estirpazione. Tutta la malvagità ha una valenza correttiva e quindi non ha una durata permanente.

SEGRETO n. 12: ogni forma di malvagità è il risultato della nostra ignoranza e potremo vincerla solo se saremo disposti a imparare la relativa lezione per raggiungere una più alta saggezza.

Quindi, se vuoi liberarti dagli influssi negativi della malvagità, devi essere disposto e pronto a imparare per essere preparato a subire quel processo disciplinare senza cui nessun grano di saggezza, felicità e pace può essere raccolto. Una persona può chiudersi dentro una stanza oscura e negare che la luce esista, ma essa è dappertutto mentre l'oscurità esiste soltanto nella sua piccola stanza.

Così puoi chiudere fuori da te la luce della verità oppure iniziare a buttare giù le pareti del pregiudizio e dell'errore che da solo hai costruito intorno a te, in modo da lasciare entrare la luce. Quello che ti è capitato nel corso della vita è successo perché in qualche modo lo hai attirato a te, oppure lo meritavi e pertanto mettendo in pratica questo insegnamento puoi diventare più forte, più saggio e più nobile.

Quando avrai fatto completamente tuo questo principio, sarai in grado di modellare le tue circostanze e di convertire tutta la malvagità in qualcosa di buono per tessere, con mano creatrice, la traccia del tuo destino.

Come scoprire le relazioni tra il pensiero e la realtà

Come sei tu, così sarà il tuo mondo. Tutto nell'universo è il risultato della tua esperienza interna e di quanto accade nella tua coscienza. I tuoi pensieri, desideri e aspirazioni contengono il tuo mondo e quindi da loro può derivare la prosperità oppure la rovina della tua vita.

Come costruisci dentro di te il potere del pensiero, così di conseguenza si modelleranno le circostanze esterne della tua **vita**. Colui che è pervaso da egoismo e disonestà diventa orientato verso la sfortuna e la catastrofe, mentre se è una persona pura e nobile, sarà orientata con uguale precisione verso la felicità e la prosperità.

Ogni persona attrae a sé ciò che ha dentro e niente può giungerle che non sia previsto nella sua natura. Quindi se un uomo è felice il motivo va ricercato nel fatto che è pervaso da pensieri felici, mentre se è misero è perché si fa dominare da pensieri scoraggianti e debilitanti.

Se un uomo è pauroso oppure impavido, insensato o saggio, disturbato o sereno, la causa della sua condizione va ricercata nelle condizioni della sua coscienza. Le circostanze possono avere un effetto sul tuo modo di pensare soltanto finché permetti loro di agire in tal modo. Sei in balia delle circostanze perché non hai una giusta comprensione della natura e di come usare il potere del pensiero.

Se credi che le cose esterne abbiano il potere di valorizzare oppure di guastare la tua vita conferisci loro di diventare padrone del tuo destino e tu diverrai vittima della casualità e del fato. In realtà il padrone del tuo destino è il tuo modo di pensare e non le circostanze, così come il timore o la speranza, la resistenza o la debolezza, che la forza del tuo pensiero ha proiettato intorno a te.

Ho conosciuto due uomini che in giovane età avevano perso tutti i soldi risparmiati. Uno dei due ha reagito a questo evento negativo con un atteggiamento disfattista ricavandone una situazione emotiva pervasa da preoccupazione, disperazione e delusione. L'altro invece ha reagito positivamente, rimboccandosi le maniche alla ricerca di un motivo per dare ancora di più delle sue potenzialità.

La perdita di soldi era una maledizione per il primo, avendo qualificato l'evento con pensieri scuri e tristi, mentre per l'altro era una benedizione, avendolo attorniato con pensieri di resistenza e di speranza che lo hanno condotto al rinnovamento della sua attività. Se le circostanze avessero il potere di benedire oppure danneggiare allo stesso modo, non si spiegherebbe perché il medesimo evento non ha i medesimi riflessi per tutti gli uomini. Pertanto ne traiamo l'insegnamento che il bene oppure il male non sono una circostanza ma una condizione mentale contingente dell'essere umano.

Quando inizi a renderti conto di questo allora inizi a realizzare che i tuoi sforzi devono essere concentrati nell'attività di controllare i tuoi pensieri, per regolare e disciplinare la tua mente, eliminando tutto ciò che è inutile e superfluo e incorporando nel tuo essere pensieri esclusivamente animati dalla gioia, dalla serenità, dall'amore e dalla bellezza. E mentre rivestiamo gli eventi con il riflesso dei nostri pensieri, allo stesso modo diamo significato agli oggetti del mondo visibile intorno noi, e dove qualcuno vede l'armonia e la bellezza, un altro può scorgere la disarmonia.

Dove la mente ordinaria vede il disastro e la confusione, la mente del filosofo vede la sequenza più perfetta di causa ed effetto, e dove il materialista non vede niente oltre la morte infinita, il saggio scorge la vita eterna. Così come rivestiamo sia gli eventi che gli oggetti con i nostri pensieri, allo stesso modo facciamo con il carattere delle altre persone sulle quali formiamo un giudizio in base al nostro modo di pensare. Gli uomini e le donne trovano conferma alla propria prospettiva mentale a causa del fatto che, secondo la legge di causa-effetto, attirano verso di loro ciò che trasmettono all'esterno, in modo da essere avvicinati da persone simili.

Se anche tu aspiri in futuro a un mondo più felice, non puoi che partire da te stesso eliminando ogni dubbio dalla tua mente e proiettandoti verso il tuo ideale. Comincia a purificare e a costruire il tuo mondo interiore attraverso la crescita personale e farai la sorprendente scoperta dell'impotenza assoluta delle cose esterne confrontata alla potenza magica di un'anima libera e indipendente.

Come liberarsi velocemente dalle emozioni negative

Il mondo è uno specchio in cui ciascuno vede un riflesso di se stesso e del suo modo di pensare e intendere la vita. Rendendosi conto di questa verità si viene a conoscenza del fatto che tutto è compreso in un'interazione incessante tra causa ed effetto, dove niente può essere divorziato da tale legge, essendo la nostra vita lo specchio di quello che pensiamo e diciamo, dall'atto più insignificante dell'uomo fino al raggruppamenti dei corpi celesti. Nessuno stato arbitrario può esistere anche solo per un momento senza che venga a essere smentita tale legge naturale e universale.

Si tratta precisamente della medesima legge che governa il regno della mente per cui l'odio, la rabbia, la gelosia, l'invidia e il desiderio sono tutti quei fuochi che bruciano e chiunque li tocca soffre i relativi tormenti. Tutti questi stati della mente possono essere sono definiti “malvagità”, che ha lo scopo di sovvertire le leggi naturali facendosi portatori di caos e confusione dentro la persona, per attualizzarsi in circostanze esterne come la malattia, la sfortuna, il dolore e la disperazione.

Una comprensione completa di questa grande legge che pervade l’universo conduce all’acquisizione di quegli stati d’animo che portano sentimenti positivi e che fanno da calamita a eventi esterni orientati verso la nostra realizzazione. Per essere pazienti in tutte le circostanze e riuscire ad accettarle, la soluzione consiste nell’aumentare il tuo livello di crescita personale in modo da essere sempre un livello più in alto di qualunque problema possa mai capitarti.

La causa di tutto il potere, come anche di tutta la debolezza, è dentro di noi, così come il segreto di tutta la felicità e di tutta la miseria. Non vi può essere progresso a prescindere dal risveglio interiore e nessun appiglio sicuro alla prosperità e alla pace può esistere a prescindere dallo sviluppo coerente nella coscienza di ogni uomo. Capita di sentire molte persone che si lamentano per una sequenza di circostanze a loro sfavorevoli che hanno cagionato la perdita di opportunità di migliorare la qualità della loro vita, arrivando a prendersela col destino infausto. Io ti dico che puoi determinare il raggiungimento di quel miglioramento che desideri sulla tua vita, se decidi fermamente di migliorare la tua *vita interiore.*

Riconosco che questa strada all'inizio non sembra darti le soddisfazioni che meriti, ma se decidi di intraprenderla con disciplina e perseveranza curando il tuo sviluppo personale, sradicando le tue debolezze e permettendo alla forza della tua anima di sprigionare il tuo potere personale, allora resterai stupito dei cambiamenti che avverranno nella tua vita esteriore.

Come avere una vita ricca di opportunità vantaggiose

Le occasioni che ti permettono di cambiare la tua vita le puoi trovare sparse lungo il tuo percorso e sarà responsabilità tua riuscire o meno a utilizzarle pienamente. Gli amici ti verranno incontro senza doverli andare a cercare, le persone simpatiche saranno attratte da te come una calamita e tutte le risorse che potranno esserti di aiuto magicamente saranno a tua disposizione.

Le catene che ti legano a una situazione economica insoddisfacente non sono state create dall'ambiente in cui vivi e dalle persone che ti circondano, ma dal tuo stesso atteggiamento. Non dare la colpa della tua insoddisfacente condizione e delle difficoltà che stai incontrando ai tuoi genitori, al luogo in cui sei nato, al tuo datore di lavoro o ad altre persone.

Smettila di protestare e lamentarti perché nessuna di queste cose è la reale causa della tua povertà, ma impara a guardanti dentro dove realmente vi è non solo l'origine del problema ma anche la sua soluzione.

Non rinforzare le catene che ti legano alla tua insoddisfazione. Trasforma la tua prospettiva sulla vita ed essa cambierà radicalmente. Sii sicuro, in primo luogo, di fare il meglio che puoi, senza risparmiare le grandi risorse che hai dentro di te.

Così come il bambino a scuola deve acquistare padronanza di quello che sta imparando per passare alla classe successiva, allo stesso modo se vuoi continuare a migliorare devi avere come obbiettivo l'acquisizione delle risorse per riuscire a realizzare compiutamente il tuo potenziale. Se curiamo lo sviluppo del nostro potenziale questo verrà a incrementarsi, mentre se trascuriamo la nostra crescita personale accadrà l'esatto contrario.

Forse vorresti più tempo per riflettere e organizzarti, ma sei convinto che le troppe ore che dedichi al tuo attuale lavoro siano un ostacolo. Allora fai in modo di utilizzare nella misura più completa possibile quel poco di tempo che hai a disposizione: è inutile volere più tempo, se già sprechi quel poco che hai. La povertà, la mancanza di tempo e di svago non sono ostacoli così grandi, e se stanno intralciando il tuo progresso e la tua crescita personale è perché li hai rivestiti delle tue debolezze e la malvagità che vedi in loro in realtà è in te stesso.

SEGRETO n. 13: solo quando riuscirai a modellare la tua mente secondo le tue ambizioni sarai il creatore del tuo destino e le avversità saranno convertite in forti alleati.

Utilizza la tua condizione di povertà per coltivare le tue doti di pazienza, speranza e coraggio, come se fosse una leva motivazionale.

Come gestire al meglio le difficoltà

Là dove ci sono difficoltà cui far fronte e circostanze insoddisfacenti da sormontare, è il momento in cui tirare fuori tutte le proprie risorse e capacità per diventare una persona migliore e più evoluta. Forse attualmente ti trovi nella condizione di essere trattato con severità da un datore di lavoro che si comporta come un tiranno.

Considera questa situazione come un'opportunità di crescere e migliorarti e quindi reagisci alla scortesia del tuo datore di lavoro con gentilezza e perdono. Esercitati incessante nell'arte di portare pazienza e di gestire il tuo autocontrollo.

SEGRETO n. 14: non protestare di fronte alle difficoltà come fossi uno schiavo, ma trova dentro di te la motivazione per reagire con un comportamento nobile.

Le persone ti trattano per come ti comporti, quindi se hai un atteggiamento da schiavo sarai trattato come tale, è questo che cerchi? Se ti comporti come uno schiavo prova a cercare dentro di te i pensieri che sostengono questo tuo modo di essere e di agire.

Non protestare se ti senti oppresso dalle persone ricche perché quando penserai a te come una persona facoltosa ti immaginerai come un oppressore e questo non ti motiverà nel raggiungimento dei tuoi obbiettivi finanziari.

Getta fuori di te la delusione che ti fa sentire male e che ti opprime provando a renderti conto, attraverso una profonda analisi interiore, in base a quelle che sono le leggi eterne, che la causa della tua sofferenza esiste esclusivamente dentro di te. Non esiste pratica più degradante e autodistruttiva di quella dell'autocommiserazione. Non vi è modo più sicuro e duraturo di elevarsi al di sopra della povertà e di qualsiasi stato indesiderato tranne che eliminare l'egoismo e la negatività dalla propria coscienza.

Come attrarre la ricchezza nella propria vita

Il modo migliore di essere in sintonia con la ricchezza è arricchire l'anima tramite l'acquisizione di risorse virtuose. Mi è capitato di conoscere persone a cui il fatto di aver visto individui malvagi ed egoisti diventare prosperosi cagionava sensazioni spiacevoli. Ma quando si arriva a conoscere la parte più nobile di se stessi tutto questo malessere viene a mancare perché si comprendono a fondo le radici dell'essere.

Si tratta di quella condizione della coscienza che compare quando i principi universali ed eterni sono realizzati e ci si eleva a una condizione superiore a tutto quello che vi è di transitorio e superficiale.

L'uomo ricco che è sterile di virtù in realtà rappresenta una persona povera e certamente come le acque del fiume che vanno alla deriva nell'oceano, così certamente accadrà anche a lui, che in mezzo a tutte le sue ricchezze andrà alla deriva verso la povertà e la sfortuna. Ma l'uomo che è esteriormente povero ma è una persona ricca di virtù ed è allineato col vero senso della prosperità sicuramente è già in viaggio verso la sua realizzazione economica, la gioia e la beatitudine.

Pertanto è sconsigliabile mirare direttamente alla prosperità rischiando di divenire aridi, senza pensare alla propria crescita personale e professionale. L'acquisizione di uno stato duraturo di prosperità passa attraverso l'acquisizione di una mentalità orientata al raggiungimento di interessi altruistici da cui deriverà il tuo successo personale. Devi lasciare confluire la ricchezza attraverso di te come ne fossi un amministratore e non come un proprietario permanente.

SEGRETO n. 15: tutte le persone veramente ricche hanno perseguito l'acquisizione di una mentalità orientata al raggiungimento di interessi altruistici amministrando la ricchezza consapevolmente.

Se non sei capace a fare del bene con quel poco che hai, sicuramente diventerai ancora più egoista qualora riuscissi a incrementare il tuo benessere economico. Se il tuo desiderio reale è fare del bene, non hai necessità di aspettare i soldi per agire ma puoi iniziare subito. Così come l'effetto è collegato con la causa, la prosperità e la povertà derivano dalla positività interiore.

Come scoprire la vera ricchezza

I soldi non costituiscono la vera ricchezza, né da soli possono assicurarti una posizione di potere e di prestigio. La tua vera ricchezza è nelle azioni virtuose e nell'uso che ne fai.

Desiderio, odio, rabbia, vanità, orgoglio, cupidigia, auto-indulgenza, egoismo, ostinazione e altro ancora sono sintomi della presenza di povertà e debolezza. Diversamente, amore, purezza, gentilezza, remissività, pazienza, pietà, generosità e rinuncia sono sintomi di ricchezza e potere. Ma i ricchi, così come i poveri, si trovano a gestire allo stesso modo circostanze avverse alle loro ambizioni, e il diverso atteggiamento mentale fa la differenza nel dare un significato e quindi reagire a tali eventi.

Qui vediamo come la felicità dipende non da quello che si possiede esteriormente ma da come si è sviluppata la propria interiorità. Un datore di lavoro che incontra sempre delle difficoltà con i propri impiegati che appena possono cambiano lavoro, inizia a perdere, di conseguenza, la sua fiducia nella natura umana. Potrebbe provare a rimediare dando migliori stipendi e permettendo determinate libertà, ma la situazione non migliorerebbe perché la vera causa di tutta questa difficoltà non è nei servizi esteriori che lui elargisce ai propri dipendenti, bensì dentro se stesso.

Se ci si osserva con il desiderio umile e sincero di scoprire e sradicare il proprio errore, prima o poi si troverà l'origine di tutta la propria infelicità. Potrà essere un latente desiderio egoistico, o un atteggiamento scortese della mente che si riversa negativamente su coloro che vi circondano. Pensare ai propri dipendenti con spirito benevolo, con l'obbiettivo di far raggiungere loro la propria felicità e realizzazione professionale sarà motivo per creare un legame solido e duraturo.

Rara e bella è quella nobiltà e umiltà d'animo da cui un uomo, dimenticandosi della sua felicità personale, cerca quella di coloro i quali sono nell'ambito della sua autorità e che dipendono da lui per il loro sostentamento vitale: la felicità di costui è aumentata dieci volte.

Qui si trova il segreto da cui tutte le circostanze desiderabili sono assicurate e tutto quello che è indesiderabile viene allontanato e sconfitto. Dici che sei solo, non ti senti amato e non hai un amico al mondo? La colpa non è di nessuno se non di te stesso, quindi per raggiungere la tua felicità sforzati di essere amichevole verso gli altri e gli amici presto si affolleranno intorno a te. Diventa puro e amabile e sarai amato da tutti. Esci dalla tua povertà, dal dolore, dalle difficoltà, dalle angustie e dalla solitudine lasciando il vecchio indumento stracciato del tuo egoismo cadere dietro di te e indossa quello nuovo dell'amore universale: solo allora realizzerai l'armonia interiore che sarà riflessa in ogni parte della tua vita. Regola saldamente il tuo piede sul percorso della crescita personale e raggiungerai la più alta realizzazione di te.

RIEPILOGO DEL CAPITOLO 2:

- SEGRETO n. 10: se il tuo atteggiamento mentale dominante è pervaso dalla pace, armonia e amore sarà quello che attirerai nella tua vita; diversamente se è pervaso da atteggiamenti ispirati all'odio e alla scontrosità allora, le difficoltà e l'afflizione faranno da cornice nella tua vita.
- SEGRETO n. 11: con l'uso intelligente della nostra mente possiamo indurre il corpo a diventare più bello, la mente più brillante, il carattere più potente e l'anima più vicina all'ideale.
- SEGRETO n. 12: ogni forma di malvagità è il risultato della nostra ignoranza e potremo vincerla solo se saremo disposti a imparare la relativa lezione per raggiungere una più alta saggezza.
- SEGRETO n. 13: solo quando riuscirai a modellare la tua mente secondo le tue ambizioni sarai il creatore del tuo destino e le avversità saranno convertite in forti alleati.
- SEGRETO n. 14: non protestare di fronte alle difficoltà come fossi uno schiavo, ma trova dentro di te la motivazione per reagire con un comportamento nobile.

- SEGRETO n. 15: tutte le persone veramente ricche hanno perseguito l'acquisizione di una mentalità orientata al raggiungimento di interessi altruistici amministrando la ricchezza consapevolmente.

CAPITOLO 3:
Come superare le convinzioni autolimitanti

Qualunque sia la professione che svolgi, la strategia migliore è concentrarsi principalmente sull'atteggiamento mentale con cui ti approcci alla tua attività. Molti si concentrano unicamente sullo sviluppo delle competenze tecniche, che pure sono importanti ma non rappresentano gli unici elementi che ti faranno fare il salto di qualità. Mi è capitato di addentrarmi in settori nuovi dove non sapevo quasi nulla dei dettagli tecnici e ho iniziato il mio periodo di apprendimento.

Dopo un po' di tempo mi sono trovato in una posizione di leadership perché ero riuscito a comprendere quale doveva essere l'atteggiamento mentale vincente in quella situazione. Le competenze tecniche necessarie possono essere acquisite in breve tempo e quelle di elevato spessore si può sempre fare ricorso al sapere altrui. Ma se non hai compreso "come" svolgere la tua attività nessuno ti può prestare la sua mentalità vincente.

Come impadronirsi del potere silenzioso del pensiero

Le forze più potenti nell'universo sono le forze silenziose ma pochi hanno imparato ad associare questa conoscenza al regno della mente, dove le forze del pensiero sono le più potenti e continuano a generare e trasmettere energie sia costruttive che distruttive.

Allo stato attuale del suo sviluppo, l'uomo ha preso parte al possesso di queste forze e la tendenza di tutto il suo attuale progresso è il loro assoggettamento completo.

SEGRETO n. 16: il massimo livello di saggezza possibile a questo mondo consiste nel raggiungere uno stato di padronanza sulla propria psiche, in modo da riuscire ad amare anche i propri nemici e vivere sempre concentrati nel "qui e ora".

È la forza del pensiero che in silenzio produce la manifestazione di tutto quello che accade al mondo. L'universo stesso si è sviluppato dal pensiero.

Come diventare un leader nel tuo business

L'autore, l'inventore, l'architetto, in primo luogo sviluppano il loro lavoro con la mente, perfezionandolo in tutte le relative parti come un tutt'uno completo e armonioso, per poi successivamente iniziare ad attuare i loro progetti nella realtà. Quando le forze del pensiero sono dirette all'armonia con la legge creatrice, hanno un'efficacia costruttiva, ma se vengono sovvertite diventano disintegranti e autodistruttive.

Dove ci troviamo in presenza di stati d'animo di timore, preoccupazione, ansia, dubbio, difficoltà, delusione e disappunto, allora siamo in presenza di uno stato di ignoranza. Tutti questi stati della mente sono il risultato diretto dell'egoismo. Tali stati d'animo attirano i problemi e la debolezza, visto che rappresentano l'annullamento e la disintegrazione delle forze di pensiero positive che diversamente sono portatrici di un processo di accelerazione per il raggiungimento dei risultati desiderati. Vi è una sola strategia efficace per sormontare queste circostanze negative: diventare padrone della propria vita tramite lo sviluppo costante e persistente della conoscenza interna. Negare mentalmente la malvagità non è sufficiente, si deve mettere in pratica un'azione quotidiana e coerente. Allo stesso modo affermare mentalmente la prosperità è un processo inadeguato se non è supportato dall'attuazione pratica di tale mentalità.

SEGRETO n. 17: l'autocontrollo conduce rapidamente a una conoscenza delle forze interne del proprio pensiero e, successivamente, all'acquisizione di quel potere tramite il quale veniamo indirizzati nella giusta direzione.

Quando acquisisci la totale padronanza delle tue forze mentali, e non il contrario, acquisti la piena padronanza di tutto ciò che ti capita esternamente. Mostrami un uomo che distrugge tutto ciò che tocca e che non riesce a mantenere il successo anche quando è nelle sue mani e io ti dimostrerò che si tratta di una persona che abita continuamente in quegli stati della mente che sono la negazione stessa del potere.

Un tale individuo, essendo senza autogoverno, è incapace di gestire saggiamente i suoi affari, supponendo di essere vittima delle circostanze mentre in realtà lo è di se stesso. Avere uno scopo che va oltre il proprio tornaconto personale rappresenta il vero motivo da cui scaturisce il vero potere sulla propria vita. Non esiste nulla che una persona dotata di una forte volontà e uno scopo risoluto non possa compiere.

Qualunque sia la tua posizione nella vita, prima di sperare di prendere parte a qualsiasi situazione potenzialmente portatrice di successo hai bisogno di imparare come mettere a fuoco la forza del tuo pensiero coltivando la calma e il riposo. Ora se approfitti di un'ora di calma al primo mattino oppure in tarda serata prima di andare a dormire, dove puoi stare tranquillamente da solo senza che nessuno ti venga a disturbare, puoi fare il seguente esercizio: orienta la tua attenzione con tutta la forza della tua mente sull'oggetto che ti procura uno stato di ansia e poi concentrarti sugli aspetti della vita che ti portano sensazioni di beatitudine e di calma provocando la sovrapposizione dello stato negativo di partenza che, in questo modo, andrà a dissolversi.

Infatti la nostra mente non può essere occupata contemporaneamente da due sensazioni di segno opposto e contrastanti tra loro. Una volta che hai creato nella tua mente una sensazione positiva da quel punto di vista, sarà molto agevole riuscire a vedere le opportunità nelle difficoltà: lo stato mentale che ha generato il problema è sempre di segno opposto a quello che può dar vita alla soluzione.

Ogni qual volta la tua attenzione mentale si orienta verso gli aspetti della tua vita che ti portano preoccupazione e stati negativi non devi far altro che ripetere questo processo fino a quando non diventerà un'abitudine. La stessa tecnica la puoi applicare per riconquistare la fiducia in te stesso in presenza di eventi negativi che ti hanno fatto perdere la padronanza della tua persona: ti basterà elencare per iscritto tutti i successi che hai collezionato nel corso della tua vita per focalizzarti su quello vincente, già presente dentro di te, e dimenticare tutte le amarezze e le sconfitte.

Tramite questo percorso sulla formazione della disciplina mentale le forze del tuo pensiero verranno dirette verso la realizzazione dei tuoi obbiettivi e non disperse tra le tante preoccupazioni quotidiane, aumentando notevolmente il tuo potenziale di successo. Non vi è difficoltà, per quanto grande possa essere, che non puoi rendere inoffensiva ricorrendo a tali strategie: la soluzione sta nel diventare più grande di qualsiasi problema possa mai capitarti.

Come sconfiggere i tuoi peggiori nemici

I tuoi peggiori nemici non stanno nel tuo ambiente di lavoro o intorno a te, bensì dentro te stesso, il solo posto al mondo che puoi controllare e cambiare a tuo piacimento secondo le tue aspirazione e i tuoi valori. Devi attendere il momento in cui riuscirai a entrare profondamente e pienamente nella tua natura interna e sconfiggere i molti nemici che si appostano là. Solo allora potrai avere tutta la conoscenza del sottile potere del pensiero e del relativo rapporto inseparabile tra le cose materiali e le circostanze della tua vita.

SEGRETO n. 18: ogni pensiero della tua mente è una forza inviata verso l'universo che a sua volta reagirà con un'energia dello stesso orientamento e valore in base a uno scambio di reciprocità.

Concentrati sui pensieri benevoli e rapidamente diventeranno realtà nella tua vita, sotto forma di opportunità e condizioni favorevoli. Controlla le forze della tua mente e potrai di conseguenza controllare la tua vita e tutto quello che riuscirai a ottenere. La differenza fra un vincente e un perdente è questa: il primo ha un controllo perfetto di tutte le forze all'interno di se stesso mentre l'altro è dominato e controllato da loro. Non vi è assolutamente altro modo di allineare il potere e la pace interiore se non tramite l'autocontrollo e l'autogoverno.

Devi esercitarti giornalmente nell'abitudine di mettere la tua mente a riposo, praticando la meditazione in uno stato totale di silenzio interiore. Si tratta di un metodo di sostituzione del pensiero disturbato con uno pervaso dalla pace, un pensiero della debolezza con uno allenato alla resistenza. Fino a che non riesci a fare questo non puoi sperare di dirigere le tue forze mentali sulle soluzioni ai tuoi problemi, quelle che ti spalancano le porte del successo. Si tratta di un processo di concentrazione delle tue energie frammentate in una struttura potente.

Come un'inutile palude può essere convertita in campo di cereali dorati oppure in un giardino fruttuoso, liberandosi dei flussi nocivi e dirigendo le proprie energie in un'unica e potente direzione, così un individuo che acquista la calma interiore a cui sottomettere e orientare tutti i pensieri nocivi, rende positivo il suo cuore e la sua vita.

Quando riuscirai ad acquisire la padronanza sui tuoi impulsi e pensieri, allora i tuoi poteri inespressi cominceranno a trovare realizzazione, e mentre prima i tuoi sforzi erano deboli e inefficaci, ora potrai realizzarti con quella fiducia e calma che ordina il successo.

Questo processo andrà a risvegliare dentro di te quella preziosissima risorsa chiamata intuizione, che ti guiderà nel percorso verso i tuoi obbiettivi ormai illuminati da una luce diversa. Inoltre, dal momento che cambierai il tuo atteggiamento mentale anche nei confronti degli altri, costoro muteranno il loro atteggiamento e il loro comportamento nei tuoi confronti.

La conseguenza positiva è che riuscirai a debilitare e distruggere le forze del pensiero che ti sono ostili e che ti impediscono di ottenere i risultati cui aspiri. Allontanando da te le forze distruttive provenienti da un atteggiamento mentale negativo, la tua felicità risulterà intensificata e comincerai a realizzare la gioia, la resistenza e il potere, che nascono soltanto dell'auto-padronanza.

Gioia, resistenza e potere si irradieranno dalla tua parte, continuamente e senza alcuno sforzo, e benché ne sarai assolutamente inconsapevole le persone forti e influenti saranno attratte da te e gli eventi saranno in sintonia col tuo modo di pensare e di vedere la vita.

Devi imparare a riordinare i tuoi desideri e stabilire con autorità quali pensieri ammettere nella casa della tua anima, lasciando fuori gli influssi negativi, miserabili e impuri del pensiero. La legge di attrazione attira verso di te tutto quello di cui hai bisogno, secondo la natura del tuo modo di pensare. Il tuo ambiente e il tuo stato finanziario sono la riflessione perfetta delle tue abitudini di pensiero.

Il segreto per avere più salute, successo e potere nella vita

Tutti quanti ricordiamo con che piacere intenso da bambini abbiamo ascoltato le fiabe che ci venivano raccontate senza mai provare noia. Abbiamo seguito ardentemente la parabola ascendente del ragazzo povero e sventurato che tra mille peripezie e difficoltà diventava ricco e felice. Lo vedevi lottare contro le forze del male e personaggi ambigui e malvagi, e averla vinta non prima di aver combattuto e sofferto.

Poi con gli anni della maturità e con il confronto con la realtà tutta la magia di quel mondo incantato è stata cancellata via e messa in un angolo, e i relativi abitanti meravigliosi sono stati relegati negli archivi della memoria dove regna l'oscuro e l'irreale. Abbiamo pensato di essere diventati saggi e forti così da lasciare per sempre la terra dei sogni puerili, ma nel mondo meraviglioso della saggezza ridiventiamo dei bambini piccoli, riviviamo ancora i sogni che hanno ispirato la nostra infanzia e possiamo scoprire che, dopo tutto, sono la vera realtà.

SEGRETO n. 19: le persone fortunate che riescono a conquistare tutto quello che desiderano hanno imparato cos'è la legge di attrazione e a farne proprie le regole.

Giorno dopo giorno, costoro si troveranno a essere circondati da pensieri positivi e orientati al bene, creando un'atmosfera colma di armonia e di dolcezza per tutti coloro con i quali entrano in contatto. Così come il sole, aumentando il suo splendore, elimina le ombre nei luoghi dove punta i suoi raggi, allo stesso modo tutte le forze della malvagità vengono rese impotenti dalla ricerca del pensiero positivo. Anche le condizioni fisiche in gran parte sono determinate dalle condizioni mentali e a questa verità il mondo scientifico si sta adeguando velocemente.

SEGRETO n. 20: la vecchia credenza materialistica che un uomo è quello che il suo corpo gli rende, sta per essere velocemente sostituita da quella per cui l'uomo è superiore al suo corpo grazie al potere del pensiero.

Prima realizzeremo e riconosceremo che quello che di negativo ci capita nella vita non deriva da una forma di castigo ma dal nostro modo di pensare, quanto prima inizieremo il cammino verso la prosperità e il benessere.

Come scoprire il segreto dell'eterna salute

La malattia viene a coloro che la attraggono, a coloro i quali si allontanano dalla forza del pensiero forte, puro e portatore di influssi positivi e vitali e rendono il proprio corpo e la propria mente ricettivi alla malattia. Se sei abituato a farti prendere da sentimenti negativi quali rabbia, preoccupazione, gelosia, ingordigia e simili, e pretendi di avere una condizione di salute perfetta, allora stai chiedendo l'impossibile, dato che stai seminando continuamente i semi della malattia nella tua mente.

Tali stati della mente sono evitati con attenzione dall'uomo saggio. Se non sei libero da tutti i dolori fisici e non godi dell'armonia fisica perfetta, concentra la tua attenzione verso i pensieri allegri e amorosi, lascia l'elisir della benevolenza scorrere attraverso le tue vene e non avrai bisogno di altra medicina.

Metti da parte le gelosie, i sospetti, le preoccupazioni, l'odio, le indulgenze egoistiche e metterai via anche la disperazione, il nervosismo e tutto quello che ti provoca dolore e dispiacere. Se persisti nel tendere verso queste debilitanti e demoralizzanti abitudini della mente, non protestare quando il tuo corpo si trova in condizioni di salute precarie. Molte persone si lamentano del fatto che il loro lavoro li affatica oltremodo, ma a ben guadare è il modo in cui svolgono le proprie mansioni che causa loro un inutile dispendio di energia che viene sprecata per attività prive di valore ed efficacia.

Tutto ciò è causa di un eccesso di stress che deve essere eliminato se si vuole preservare il proprio stato di salute. Bisogna evitare di farsi prendere dalle emozioni negative quali l'ansia e la preoccupazione, soprattutto quando riguardano degli aspetti secondari e a volte inutili della propria attività professionale.

SEGRETO n. 21: liberandosi da tutta l'ansia e dalla preoccupazione si produce più dell'ordinario, preservando, allo stesso tempo, anche il proprio stato di salute.

La salute e il successo vanno sempre allineati, dato che sono inseparabilmente intrecciati. Ordina i tuoi pensieri e ordinerai la tua vita.

Come evitare le avversità della vita

Le acque turbolente delle passioni, dei pregiudizi e i momenti di sventura possono minacciare la tua tranquillità e la corretta gestione della tua vita. Ma se il tuo equilibrio psicofisico è pilotato da una fiducia incrollabile e da influssi positivi, il corso della tua vita sarà protetto dai pericoli e dalle avversità che potrai incontrare.

La fiducia in te stesso, nel tuo lavoro e nelle tue capacità diventeranno la roccia su cui potrai costruire il tuo destino. Sforzati di raggiungere, prima di ogni cosa, questa fiducia, poiché sarà il talismano della tua felicità, del tuo successo, della tua pace, del tuo potere e di tutto quello che rende grande la vita grande. Se stai attraversando un periodo di grande dispiacere oppure la felicità irradia la tua vita, resta sempre in sintonia su questa fiducia e la tua vita si evolverà con un sano equilibrio.

Ci sono oggi diversi uomini e donne che hanno applicato questo metodo con costanza, conquistando il successo e la serenità d'animo. Non c'è bisogno che diventi ansioso circa il raggiungimento dei tuoi risultati, basta che lavori con gioia e serenità, sapendo che i giusti pensieri e i giusti sforzi determineranno inevitabilmente i risultati desiderati.

Come diventare l'artefice del proprio destino

Le tue tendenze dominanti di pensiero sono fattori determinanti del tuo destino. Ricordati sempre che sei il creatore incondizionato del tuo destino. Se limiti i tuoi interessi al tuo tornaconto personale, anche se riuscissi a trasformarti in un milionario il tuo potere personale in definitiva risulterebbe assolutamente insignificante. Coltiva, quindi, questo spirito puro e altruista, associandolo con la purezza e la fiducia, e ti evolverai in meno che tu possa pensare verso la salute, l'abbondanza, il successo, la grandezza e il potere.

SEGRETO n. 22: se la tua posizione lavorativa attuale non ti porta soddisfazioni, anche se ti impegni scrupolosamente non sarai mai completamente soddisfatto di te stesso vivendo nell'attesa che arrivi la tua grande occasione come un regalo che cade dal cielo.

Mi viene da pensare a una persona che conosco, la quale nonostante abbia maturato notevoli competenze fa delle scelte sbagliate trovandosi a vivere una realtà professionale molto al di sotto delle sue possibilità; dice sempre: «Sto aspettando la mia grande occasione ma non arriva mai e mai arriverà!»

Siamo noi stessi a porre le condizioni affinché le opportunità che possono cambiarci la vita ci giungano, diventando noi stessi gli artefici della loro creazione. Bisogna vivere con una prospettiva mentale attiva e aperta a recepire tutti i segnali che ci vengono dall'esterno perché non potremo mai sapere in anticipo quale sarà quello giusto per noi.

Anticipare gli eventi imparando a cogliere i "segnali deboli"

Uno degli autori che preferisco e che ha ispirato gran parte del mio lavoro, Robert Dilts, parla della capacità di cogliere i "segnali deboli", e di essere pronti ad anticipare gli eventi prima che siano palesi a tutti. Quando un cambiamento importante diventa accessibile a tutti, allora l'opportunità è già passata e anche se dovessi coglierla non avresti i medesimi risultati di chi ha anticipato gli eventi.

Qualunque sia la tua attività, concentra la tua intera mente su di essa, facendone sprigionare tutta l'energia di cui sei capace. Il completamento impeccabile di piccole mansioni conduce inevitabilmente a strutturare le più grandi opportunità. Fai in modo di aumentare costantemente la tua salita verso il successo e stai sicuro che mai cadrai.

SEGRETO n. 23: concentra in un'unica direzione tutte le tue risorse, evitando di disperdere le tue energie mentali in attività prive di valore e inutili per il raggiungimento dei tuoi obbiettivi.

Se vuoi conquistare questa forma di potere, devi riuscire a sviluppare il tuo equilibrio personale senza aver bisogno di supporti esterni per quando ti troverai in situazioni turbolente.

La montagna, la grande roccia e la quercia, quando vengono messe alla prova dal sopraggiungere della tempesta, dimostrano la propria resistenza diversamente dalla sabbia, dai ramoscelli pendenti e dalle canne che dimostrano la loro debolezza lasciandosi ondeggiare senza una propria stabilità.

L'uomo di potere è colui che quando tutti i suoi colleghi sono in balia delle fluttuazioni delle propria emotività riesce a trovare l'equilibrio per rimanere calmo e imperturbabile. La persona isterica, paurosa, avventata e frivola cadrà, in mancanza di un supporto esterno, mentre la persona calma, coraggiosa, premurosa e forte resterà imperturbabile perché avrà coltivato il suo potere personale.

La passione non è potere ma ne rappresenta un suo tipo di abuso, cagionandone la dispersione. La passione è come una tempesta furiosa che sbatte fortemente e sfrenatamente sulla roccia, mentre il potere è come la roccia, che rimane ferma e silenziosa nonostante tutto.

Se non hai ancora questo potere puoi riuscire ad acquisirlo facendo pratica, e iniziando te stesso al potere, similarmente, inizierai te stesso alla saggezza. Devi cominciare a superare quei presupposti triviali di cui finora sei stato vittima inconsapevole. Se riuscirai a renderti impermeabile a tali dissapori mentali comincerai a capire com'è strutturato il potere e comincerai ad affrontare i desideri e gli appetiti più potenti che tengono la tua anima nella schiavitù, orientando tutte le tue energie verso la realizzazione dei tuoi obbiettivi e della tua crescita personale e professionale. Individua uno scopo che sia legittimo e altruistico e dedicati incondizionatamente alla sua realizzazione, senza lasciare niente al caso ed eliminando ogni dubbio dalla tua mente. Conserva sempre il desiderio di crescere e migliorarti in ogni aspetto della tua personalità per avere maggiore equilibrio.

Il segreto della felicità e dell'abbondanza

La maggior parte dei poveri di lungo periodo credono che il possesso delle ricchezze materiali porti loro la felicità suprema e durevole. Molte persone ricche, assecondando ogni loro desiderio e capriccio, soffrono di noia e di depressione trovandosi più lontane dal possesso della felicità persino dei poveri stessi. Riflettere su questa condizione delle cose ti condurrà alla conoscenza di un'importante verità, cioè che la felicità non è una derivazione dei possessi esterni né la tristezza è una conseguenza diretta della povertà. Se così fosse, dovremmo trovare i poveri sempre tristi e i ricchi sempre felici, mentre l'inverso è il caso più frequente.

Alcune delle persone più sventurate che ho conosciuto erano circondati dalle ricchezze e dal lusso, mentre alcuni tra i più intelligenti e felici che ho incontrato possedevano soltanto lo stretto necessario per vivere. Allora la domanda che sorge spontanea è: che cos'è la vera felicità e come possiamo conquistarla?

Troveremo, dopo un'attenta e sincera riflessione, che tutti tranne coloro che sono forniti del senso della saggezza, credono che la felicità debba essere ottenuta soltanto dalla soddisfazione dei propri desideri. È questa credenza, radicata nel terreno dell'ignoranza e innaffiata continuamente dai bisogni egoisti, che è la causa di tutta la miseria nel mondo.

E non limito la parola *desiderio* ai bisogni naturali più bassi, ma la estendo al più alto livello psichico, dove in maniera molto più potente e sottile i bisogni insidiosi tengono nella schiavitù intellettuale e raffinata, privandole loro di tutta la bellezza, l'armonia e la purezza dell'anima di cui la felicità è espressione.

Come comprendere il vero significato dell'egoismo

La maggior parte delle persone ammetterà che l'egoismo è la causa di tutta l'infelicità nel mondo, ma ad ascoltarle bene ti renderai conto che l'egoismo di cui discutono è sempre quello di qualcun altro e mai il proprio!

Quando sarai disposto ad ammettere che tutta la tua infelicità è il risultato del tuo egoismo, non sarai lontano dai cancelli del Paradiso. La felicità è quella condizione interna dove regnano la gioia e la pace, allontanando da sé il desiderio di una gioia velleitaria e temporanea.

Il piacere che ci deriva dalla soddisfazione di un desiderio è breve e illusorio, essendo sempre seguito da un'ulteriore richiesta di uguale genere che difficilmente trova un immediato appagamento lasciando inalterato il vuoto interiore.

Il desiderio egoistico è la causa principale di sofferenza interiore delle persone, dove tutti i tormenti vengono a essere concentrati. La felicità duratura verrà a te quando, cessando di inseguire i tuoi desideri egoistici e transitori, ti proietterai verso la realizzazione di valori più universali. Quando sarai disposto a perdere tutte quelle cose transitorie che ti sono care che, comunque sia, un giorno saranno strappate da te, scoprirai che quello che ti è sembrato una perdita dolorosa risulta essere un guadagno supremo.

Com'è possibile trovare la felicità reale concentrandosi su quelle cose che, per la loro stessa natura, sono destinate a passare via senza lasciare traccia? Se guardi indietro nella tua vita scoprirai che i momenti di massima felicità che hai avuto sono quelli in cui hai detto oppure fatto qualcosa secondo l'orientamento dell'amore e dell'altruismo.

Il buonumore, la felicità e l'armonia sono sinonimi. L'armonia è una fase della grande legge di cui l'espressione benevola è l'amore. L'egoismo è uno stato di discordia con l'essere in armonia con la felicità universale. Gli uomini e le donne corrono velocemente in giro nella cieca ricerca della felicità, senza trovarla fino a quando non diventano consapevoli che la vera felicità è già presso di loro e intorno a loro; ma a causa della loro ricerca egoista, la tengono fuori da se stessi.

RIEPILOGO DEL CAPITOLO 3:

- SEGRETO n. 16: il massimo livello di saggezza possibile a questo mondo consiste nel raggiungere uno stato di padronanza sulla propria psiche, in modo da riuscire ad amare anche i propri nemici e vivere sempre concentrati nel "qui e ora".
- SEGRETO n. 17: l'autocontrollo conduce rapidamente a una conoscenza delle forze interne del proprio pensiero e, successivamente, all'acquisizione di quel potere tramite il quale veniamo indirizzati nella giusta direzione.
- SEGRETO n. 18: ogni pensiero della tua mente è una forza inviata verso l'universo che a sua volta reagirà con un'energia dello stesso orientamento e valore in base a uno scambio di reciprocità.
- SEGRETO n. 19: le persone fortunate che riescono a conquistare tutto quello che desiderano hanno imparato cos'è la legge di attrazione e farne proprie le regole.
- SEGRETO n. 20: la vecchia credenza materialistica che un uomo è quello che il suo corpo gli rende, sta per essere velocemente sostituita da quella per cui l'uomo è superiore al suo corpo grazie al potere del pensiero.

- SEGRETO n. 21: liberandosi da tutta l'ansia e dalla preoccupazione si produce più dell'ordinario, preservando, allo stesso tempo, anche il proprio stato di salute.
- SEGRETO n. 22: se la tua posizione lavorativa non ti porta soddisfazioni, anche se ti impegni scrupolosamente non sarai mai completamente soddisfatto di te stesso vivendo nell'attesa che arrivi la tua grande occasione come un regalo che cade dal cielo.
- SEGRETO n. 23: concentra in un'unica direzione tutte le tue risorse, evitando di disperdere le tue energie mentali in attività prive di valore e inutili per il raggiungimento dei tuoi obbiettivi.

Conclusione

Il segreto della felicità e della prosperità consiste nel sacrificare il personale e transitorio per concentrarsi su valori che abbiano un significato universale e permanente.

Se ancora non ti senti di aver realizzato questa felicità illimitata puoi cominciare ad attualizzarla tenendo come punto di riferimento davanti a te l'alto ideale di amore eterno e illimitato. Dal raggiungimento dell'ispirazione le forze distruttive del desiderio egoistico sono convertite in energia positiva.

Ma il dare deve essere sempre un gesto proveniente dal cuore, senza alcun desiderio di ricevere per questo una ricompensa. Il regalo dell'amore puro è assistito sempre dalla beatitudine.

Se dopo aver elargito un atto di generosità ti senti ferito perché nessuno ti ha ringraziato, allora devi essere consapevole del fatto che non si è trattato di vera generosità in quanto il tuo gesto è stato animato da sentimenti di vanità e non di amore, perché hai dato soltanto per ottenere. Dedicati senza ostacoli a perseguire il benessere altrui e scoprirai il vero segreto della felicità e dell'abbondanza. Al tuo successo!

Alessandro Allaria
Network marketing coach
http://www.networkmarketingcoach.it/

www.ingramcontent.com/pod-product-compliance
Lightning Source LLC
LaVergne TN
LVHW050755051026
849532LV00008B/2872
* 9 7 8 8 8 6 1 7 4 4 9 5 0 *